초등학생이 되는 어린이를 위한

입학 준비 워크북

이름 쓰기

● 내 이름을 예쁘게 써 보세요. 그리고 가족의 이름도 써 보세요.

우리 집 주소와 전화번호 외우기

● 우리 집 주소와 가족의 연락처를 써 보고, 꼭 기억해 두세요.

우리 집 주소

우리 집 전화번호

엄마 전화번호

아빠 전화번호

부모님께)
초등학교 입학 전, 집 주소와 가족의 전화번호는 꼭 외우도록 도와주세요.
그리고 위급한 일이 생겼을 때에는 주변의 어른들이나 선생님께 도와 달라고 말하도록 미리 알려 주세요.

자기소개 하기

● 자기를 소개하는 글을 써 보고, 친구들이나 가족 앞에서 멋지게 자기소개를 해 보세요.

〈자기소개 하는 방법〉

 앞을 보고 큰 소리로 또박또박 말해요.

 이름과 가족, 사는 곳, 잘하는 일, 커서 하고 싶은 일 등을 말하면 돼요. 기르는 동물이나 좋아하는 것, 관심 있는 것 등에 대해 말해도 좋아요.

 내가 한 말에 친구들이 웃는다고 창피해하지 마세요. 함께 웃으면 돼요.

 다른 사람이 자기소개를 할 때는 잘 들어 줘요.

이름	
사는 곳	
좋아하는 것	
잘하는 일	
나의 꿈	

● 위에 적은 내용을 넣어 자기소개 글을 써 보세요.

알림장 쓰기

● 칠판에 쓰인 글을 보고 알림장에 따라 써 보세요.
  알림장을 잘 써야 숙제나 준비물을 빠뜨리지 않고 잘 챙길 수 있어요.

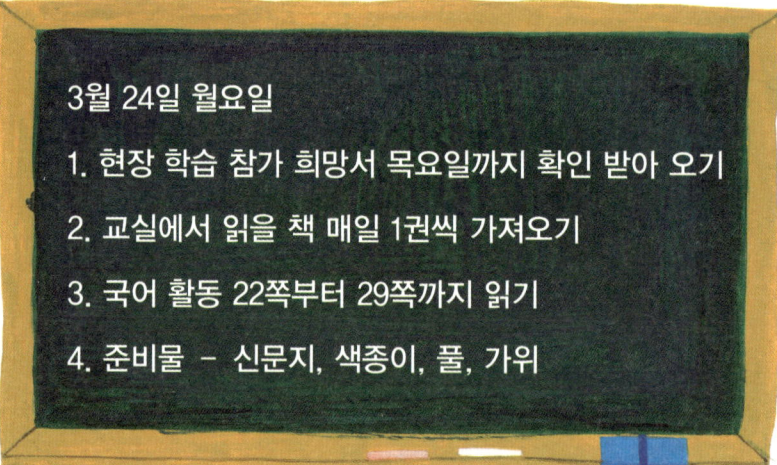

3월 24일 월요일
1. 현장 학습 참가 희망서 목요일까지 확인 받아 오기
2. 교실에서 읽을 책 매일 1권씩 가져오기
3. 국어 활동 22쪽부터 29쪽까지 읽기
4. 준비물 - 신문지, 색종이, 풀, 가위

| 월 | 일 | 요일 | 선생님 확인 | | 부모님 확인 |

기본 종이접기

● 1학년 때에는 색종이를 접는 활동이 많아요. 기본 종이접기 몇 가지를 알아 두면, 그것을 응용해서 다양한 모양을 접을 수 있어요.

① 삼각 접기

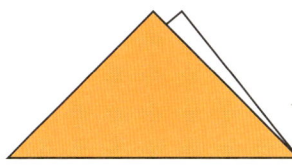

② 아이스크림 접기

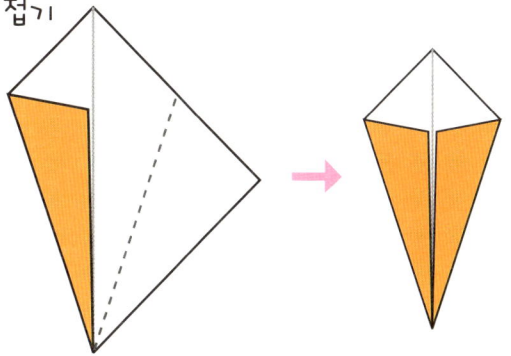

③ 문 접기

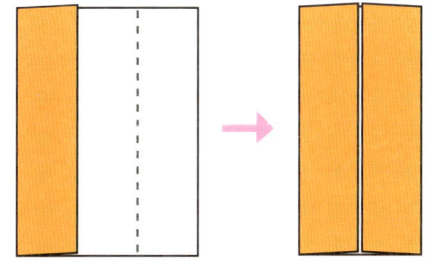

- 모서리와 모서리를 잘 맞춰 접어야 예쁜 모양이 돼요.
- 접을 때 손끝으로 꼭꼭 눌러서 접은 선이 잘 나타나게 해야 다음 단계를 접을 때 편해요.

※ ------ 안으로 접는 선

④ 방석 접기

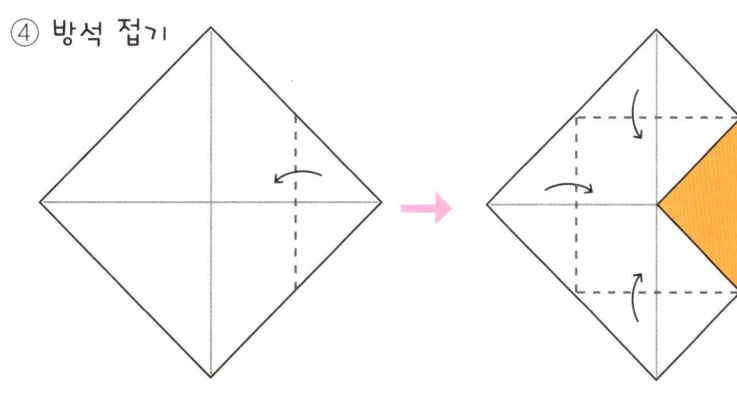

교과서 미리 보기

● 소원이가 학교에 가고 있어요.
학교 가는 길에 만나는 동물의 자음자를 따라 써 보세요.

출발

도착

ㄱ, ㄴ, ㄷ, ㄹ, ㅁ, ㅂ, ㅅ, ㅇ, ㅈ, ㅊ,
ㅋ, ㅌ, ㅍ, ㅎ 등을 자음자라고 해요.

● 연못 속의 모음자 중에서 알맞은 것을 골라 그림에 어울리는 낱말을 완성하여 보세요.

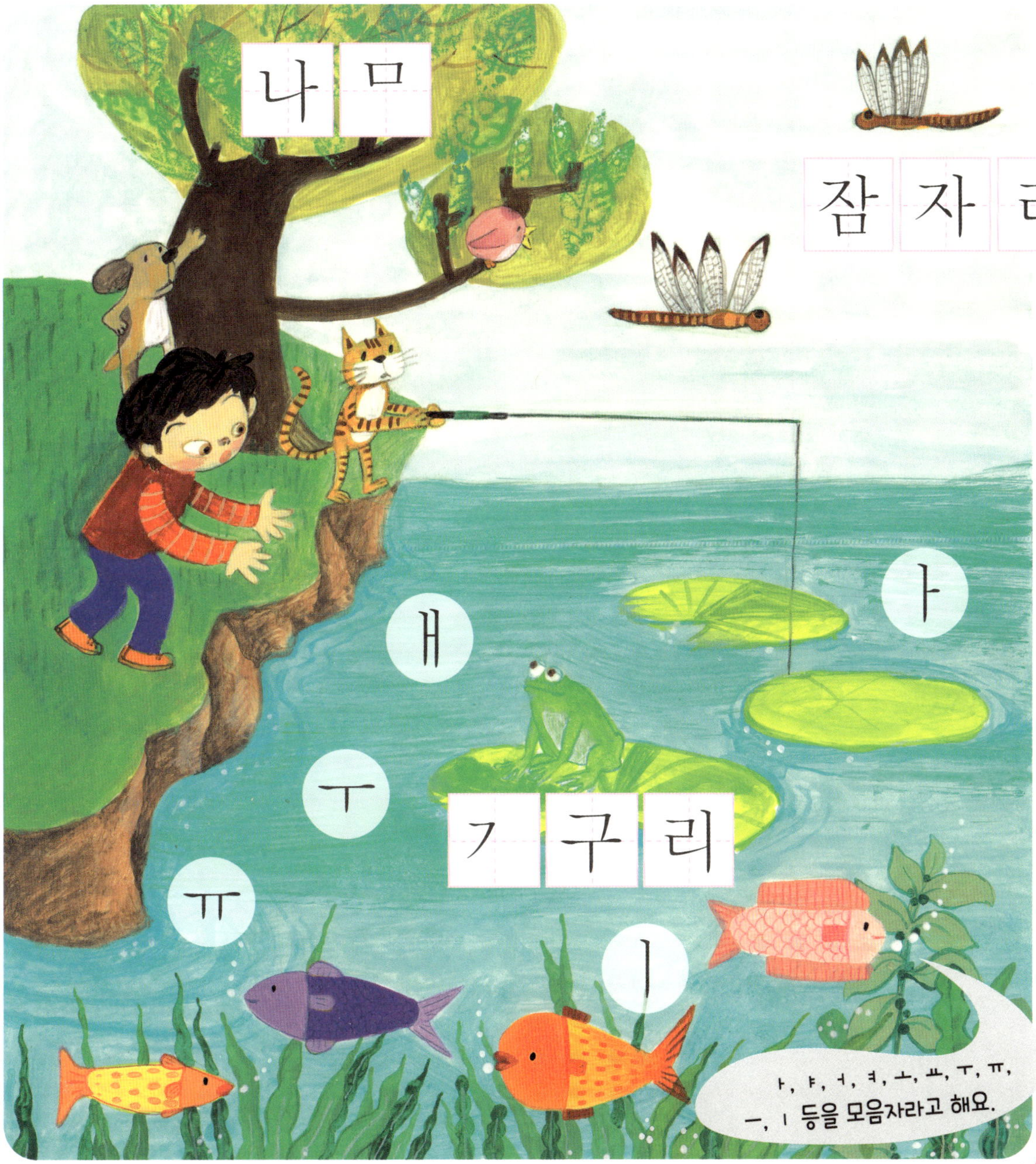

나 ㅁ
잠 자 ㄹ
ㅐ
ㅏ
ㅜ
ㄱ 구 리
ㅠ
ㅣ
ㅏ, ㅑ, ㅓ, ㅕ, ㅗ, ㅛ, ㅜ, ㅠ,
ㅡ, ㅣ 등을 모음자라고 해요.

교과서 미리 보기

● 선을 따라 받침을 붙여 낱말을 만들고 읽어 보세요.

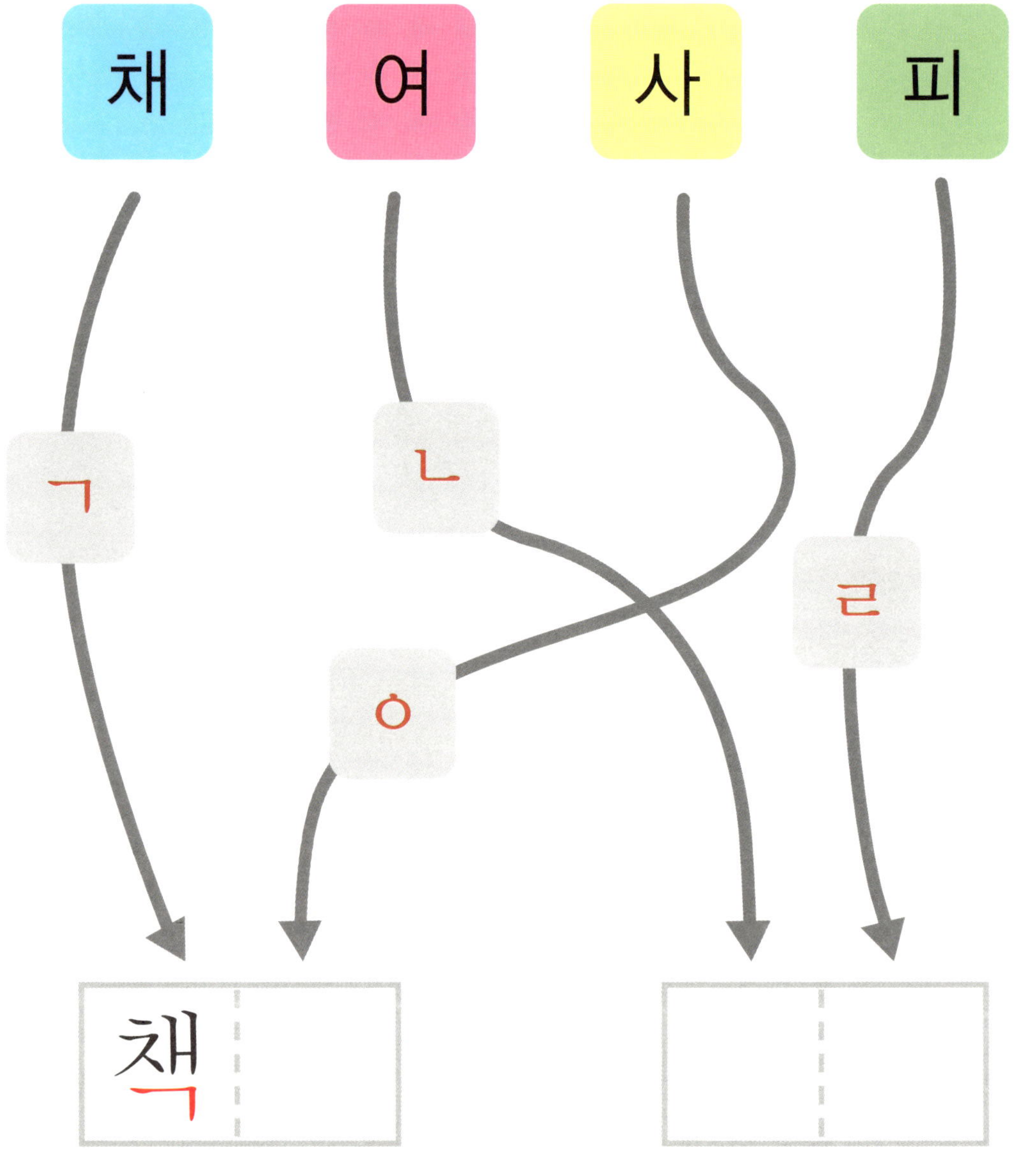

채　여　사　피

ㄱ　ㄴ　　ㄹ
　　ㅇ

책　□

● <보기>처럼 공을 모아 글자를 만들어 보세요.

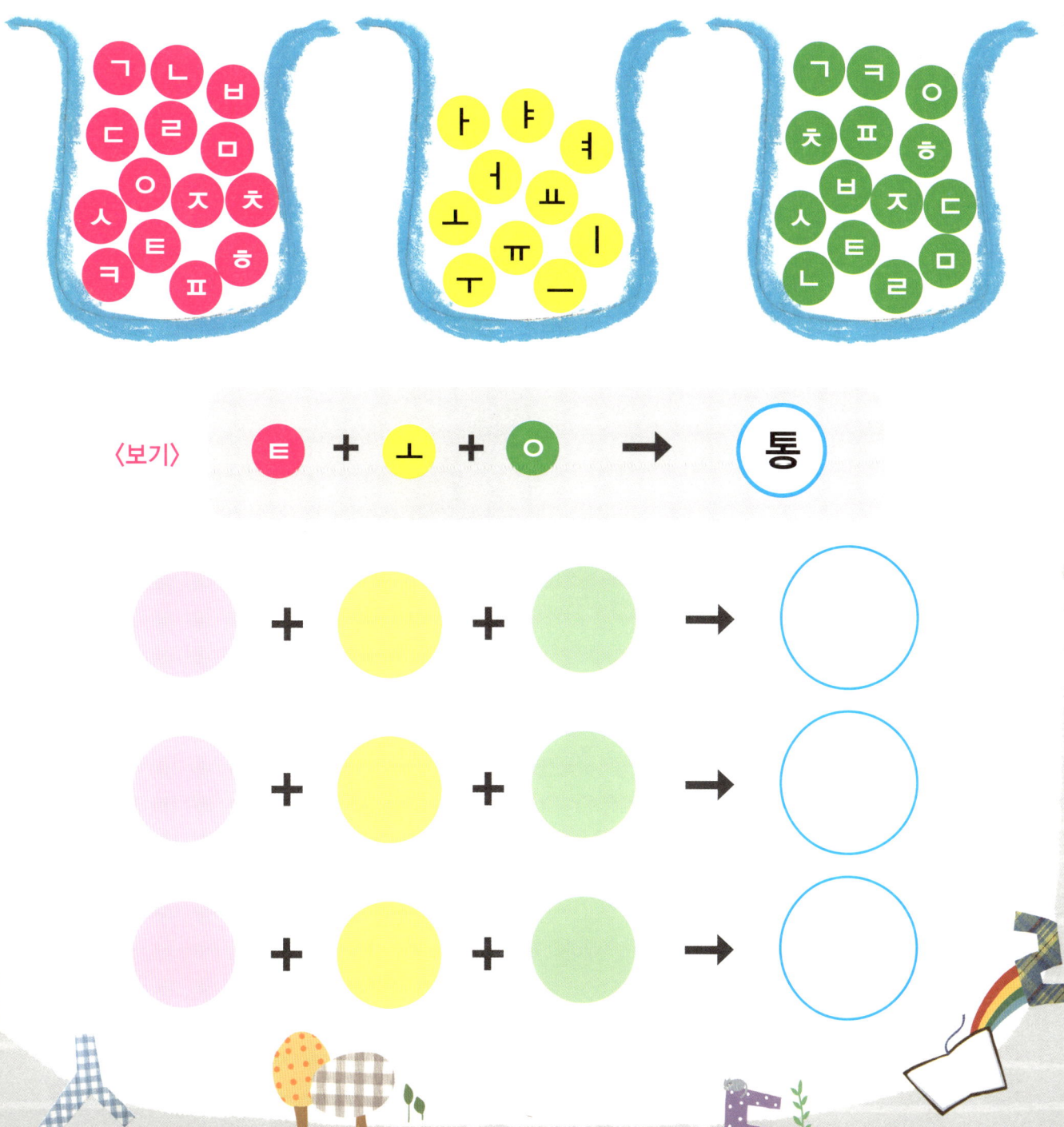

교과서 미리 보기

● 다음 물건의 수를 세어 보고, ☐ 안에 알맞은 숫자를 써 보세요.

4

● <보기>처럼 빵의 수가 변화된 것을 보고, 알게 된 점을 써 보세요.

<보기>

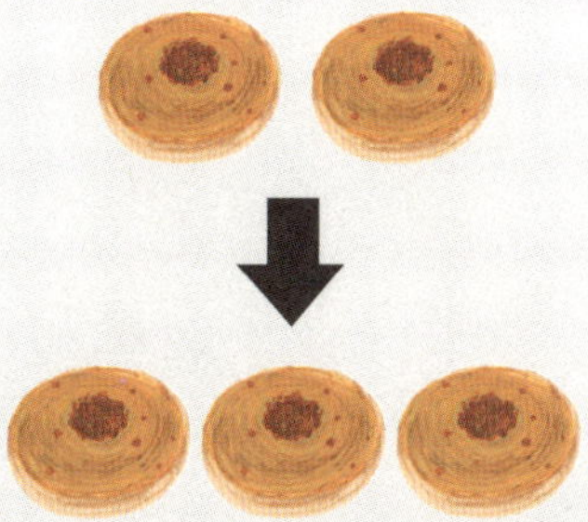

하나 더 많다 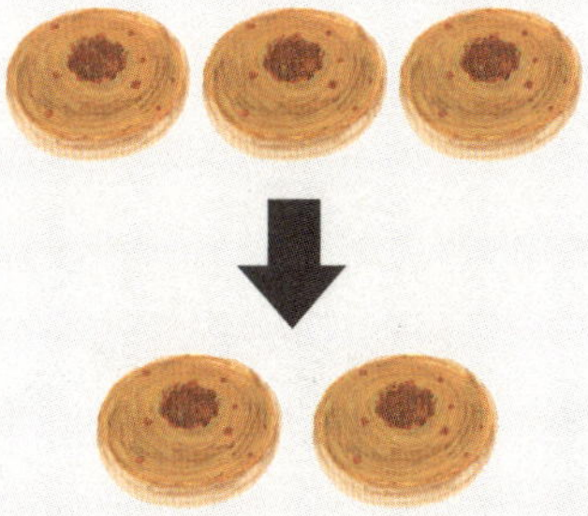   하나 더 적다

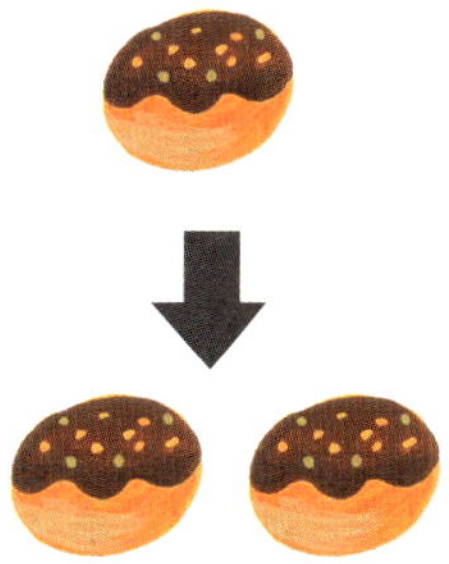

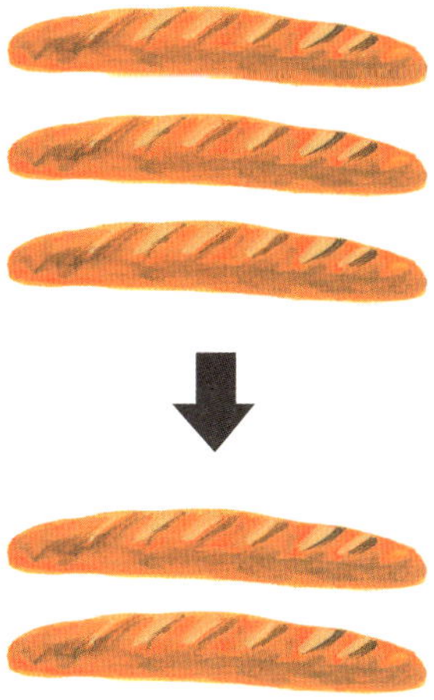

교과서 미리 보기

● 친구들이 줄을 선 순서에 맞게 빈칸에 알맞은 말을 쓰세요.
그리고 다음 물음에 답해 보세요.

첫째   셋째

● 파란 운동화를 신은 아이는 몇째입니까?

● 빨간 원피스를 입은 아이는 몇째입니까?

● 머리에 방울을 단 아이는 몇째입니까?

● 같은 모양을 모두 찾아 선으로 이어 보세요.

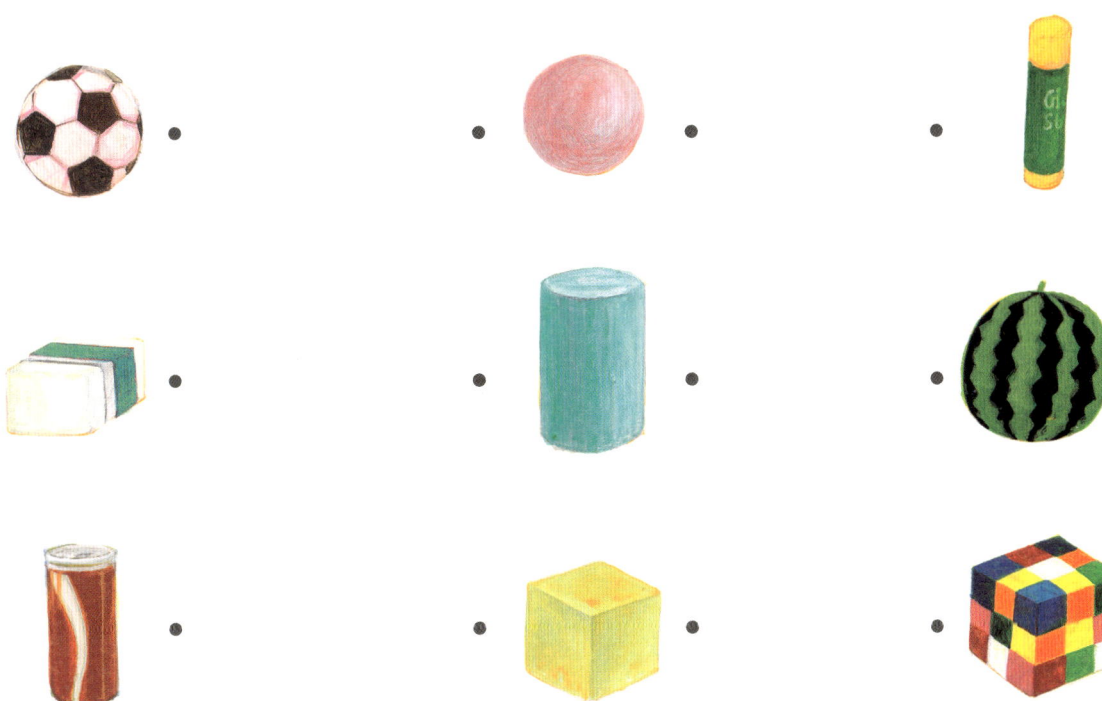

● 우리 집에서 🟨, 🟦, 🔴 모양의 물건을 찾아 이름을 써 보세요.

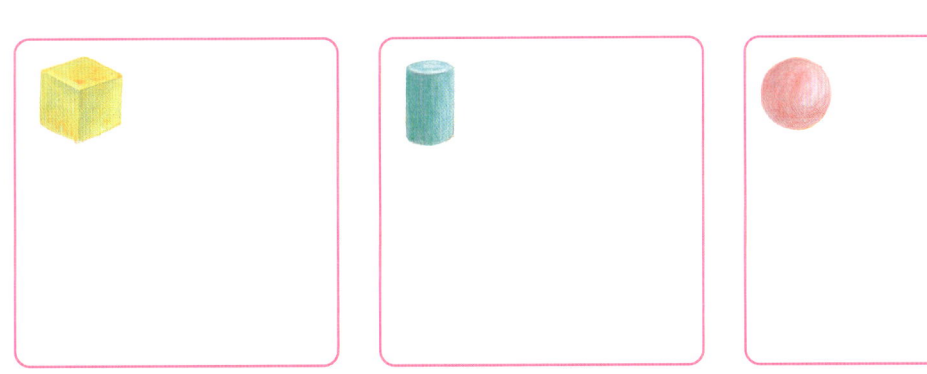

교과서 미리 보기

● 학교 안에 있는 여러 곳의 이름과 그곳에서 하는 활동끼리 선으로 이어 보세요.

교무실

보건실

보건 선생님이 아픈 학생에게 약도 주고 보살펴 주는 곳이에요.

여러 선생님이 일하는 곳이에요.

과학 실험이나 관찰을 하는 곳이에요.

책을 읽거나 빌리는 곳이에요.

도서실

과학실

급식실

체육관

공놀이도 하고, 여러 가지 체육 활동을 하는 곳이에요.

컴퓨터로 다양한 정보를 살피며 공부하는 곳이에요.

안내 방송을 하는 곳이에요.

식사 준비를 하거나 식사를 하는 곳이에요.

방송실

컴퓨터실

교과서 미리 보기

● 내가 다니게 될 초등학교 주변을 살펴보세요.
  그리고 어떤 가게나 건물들이 있는지 써 보세요.

● 학교 가는 길에 지켜야 할 점을 천천히 따라 읽어 보세요.

- 길에서는 뛰거나 장난을 치지 않아요.
- 인도에서는 오른쪽으로 걸어요.
- 인도에서 걸을 때는 찻길에 너무 가까이 다가가지 않아요.
- 길을 건너기 전에는 우선 멈추고 자동차가 완전히 섰는지 확인해요.
- 길을 건널 때에는 좌우를 잘 살피며 걸어요.

● 가장 친한 친구를 그리고, 그 친구에 대해 소개해 보세요.

소원이는

· 머리가 길어요.
· 얼굴이 예뻐요.
· 그림을 잘 그려요.

교과서 미리 보기

● 봄에 들을 수 있는 소리를 찾아 재미있는 흉내말로 표현해 보세요.

● 붙임 딱지를 붙여 겨울과 봄의 옷차림으로 꾸미고, 옷차림이 어떻게 다른지 이야기해 보세요.

〈겨울〉　　　　　　　　　〈봄〉

교과서 미리 보기

● 따뜻한 봄이 오면 나무는 어떻게 변할까요?
  꽃이나 나뭇잎을 그려 봄 나무의 모습으로 바꾸어 보세요.

● 아름답고 소중한 자연을 위해 내가 할 수 있는 일은 무엇일까요?
  내가 할 수 있는 일을 써 보세요.

- 나뭇가지 꺾지 않기
- 잔디밭 보호하기
- 곤충 괴롭히지 않기

교과서 미리 보기

● 우리 집에서 하는 일을 알아보세요.
그리고 설명에 맞는 붙임 딱지를 붙여 보세요. **붙임 딱지 2**

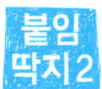

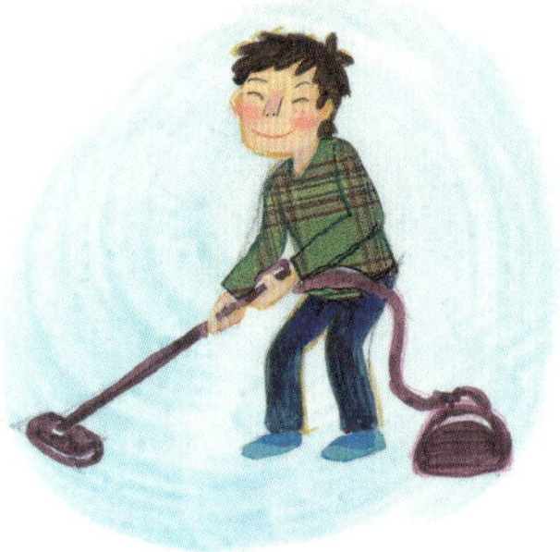

집을 청소해요.

붙임 딱지

요리를 해요.

붙임 딱지

설거지를 해요.

붙임 딱지

쓰레기를 버려요.

붙임 딱지

화분에 물을 줘요.

붙임 딱지

빨래를 해요.

● 우리 가족이 함께하는 행사를 알아보고, 행사표를 만들어 보세요.

〈우리 가족 행사표〉

1월	2월	3월	4월
5월	6월	7월	8월
9월	10월	11월	12월

● 부모님의 생일, 어린이날, 가족 여행 등 기억에 남는 가족 행사를 그림으로 그리거나 글로 써 보세요.

교과서 미리 보기

● 여러 가지 집을 살펴보고, 내가 살고 싶은 집을 그림으로 그려 보세요.

아파트

전원주택

한옥

● 집에서 기르고 싶은 동물을 그리고 이름을 지어 보세요.

이름 :

● 그 동물을 기르고 싶은 이유를 써 보세요.

교과서 미리 보기

● 재미있는 모양으로 부채를 만들어 보세요.

〈부채 만드는 방법〉

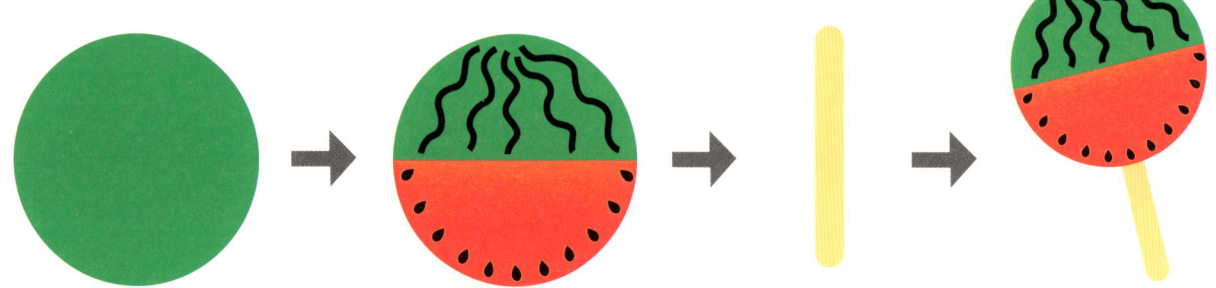

도화지를 오려요. 예쁘게 꾸미고, 같은 것을 하나 더 만들어요. 아이스크림 막대를 준비해요. 막대 양쪽에 도화지를 붙여 부채를 완성해요.

다양한 모양의 부채를 만들어 보세요.

● 가족이나 친구와 부채질 놀이를 해 보세요.

① 가위바위보를 해요.

② 진 사람이 이긴 사람에게 부채질을 해 줘요.

● 색연필이나 사인펜을 이용해 여름철 날씨를 여러 가지 색이나 선으로 표현해 보세요.

햇볕이 쨍쨍, 더운 날   바람이 부는 날

교과서 미리 보기

● 여름 방학에 가고 싶은 곳에 대해 생각해 보세요.

| 가고 싶은 곳 | 필요한 준비물 |

| 같이 가고 싶은 사람 | 가서 하고 싶은 일 |

● 여름 방학을 상상하며, 방학 동안 하고 싶은 일과 해야 할 일을 생각해 보세요.

방학에 하고 싶은 일

방학에 해야 할 일

학용품 준비하기

 책가방은 일찍 사도 상관없지만 다른 학용품은 담임 선생님이 나누어 주는 안내문을 보고 준비해도 늦지 않아요.

*책가방 고르는 요령

1. 가볍고 질긴 것
2. 가방의 크기가 아이의 등보다 크지 않은 것
3. 가방끈의 조절이 쉬운 것

*기본 학용품 고르는 요령

연필

연필심이 무른 B나 2B 연필을 준비하고, 둥근 연필보다는 육각형 연필이 쥐었을 때 더 편해요.

지우개
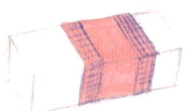
지울 때 공책이 찢어지지 않을 정도로 부드럽고, 잘 지워지는 것을 골라요.

필통

흔들었을 때 소리가 크게 나지 않는 플라스틱 필통이 좋아요. 헝겊으로 된 필통은 연필심이 부러지기 쉽고, 철 필통은 떨어뜨렸을 때 시끄러워요.

가위

끝이 너무 뾰족하지 않은 걸로 골라요. 왼손잡이용인지 오른손잡이용인지 잘 보고 아이에게 맞는 걸로 준비해요.

자

필통 속에 쏙 들어가는 길이가 좋아요. 15cm 자면 적당해요.

글 최옥임

경북대학교에서 수학을 전공하고, 출판사에서 어린이책 만드는 일을 했습니다.
지금은 동화 작가로 활동하면서 어린이를 위한 재미있는 이야기를 쓰고 있습니다.
주요 작품으로 〈울긋불긋 화가 나면?〉, 〈자신만만 직업 여행〉, 〈생선 도둑을 잡아라!〉,
〈해골 섬에서 살아남기〉, 〈신나는 자동차 마을〉 등이 있습니다.

그림 지우

홍익대학교 판화과를 졸업하고 국민대학교 미술교육과 석사 과정을 졸업했습니다.
지금은 프리랜서 일러스트레이터로 활동하고 있습니다. 어린이들에게 진솔하고 재미있는 이야기를
전하고자 다양한 그림 표현을 연구하며 즐겁게 그림을 그리고 있습니다.
그린 책으로 〈이상한 나라의 앨리스〉, 〈지켜 주지 못해 미안해〉, 〈동화의 꽃을 피운 할아버지 권정생〉,
〈아빠를 보내는 일주일〉 등이 있고, 글을 쓰고 그림을 그린 책으로 〈유치원에 네가 가!〉가 있습니다.

초등학교 입학을 축하합니다!

초판 1쇄 펴낸날 2014년 2월 7일
초판 7쇄 펴낸날 2024년 12월 20일
글 최옥임 | **그림** 지우
펴낸이 박형만 | **펴낸곳** 도서출판 (주)키즈엠 | **본부장** 이성주 | **기획책임** 오혜숙
편집책임 박종진 | **편집** 박수연, 신경아, 변지현 | **저작권** 정은미
디자인책임 이동훈 | **디자인** 남궁우철, 박성은, 정재윤, 김상은
마케팅책임 정승모 | **마케팅** 이경학, 김명진 | **제작책임** 김선웅 | **제작** 이준호
출판번호 제396-2008-000013호 | **주소** 서울시 금천구 가산디지털1로 181, 1114
전화 1566-1770 | **팩스** 02-3445-6450 | **홈페이지** www.kidsm.co.kr
ISBN 978-89-6749-204-5, 978-89-6749-197-0(세트)

Copyright ⓒ 2014 KIZM Education Group
이 책에 실린 글과 그림의 무단 전재 및 무단 복제를 금합니다.

이 도서의 국립중앙도서관 출판예정도서목록(CIP)은 서지정보유통지원시스템 홈페이지(http://seoji.nl.go.kr)와
국가자료공동목록시스템(http://www.nl.go.kr/kolisnet)에서 이용하실 수 있습니다. (CIP제어번호: CIP2014000036)

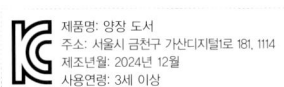

제품명: 양장 도서
주소: 서울시 금천구 가산디지털1로 181, 1114
제조년월: 2024년 12월
사용연령: 3세 이상
제조자명: 도서출판 (주)키즈엠
전화번호: 1566-1770
제조국명: 대한민국

⚠ 책의 모서리가 날카로워 다칠 수 있으니 책을 던지거나 떨어뜨리지 마세요.

초등학교 입학을 축하합니다!

글 최옥임
그림 지우

내일은 연준이의 초등학교 입학식 날!
연준이는 새로 산 가방을 메고 우쭐우쭐 신이 났어요.

소원이는 학교에 갈 생각만 하면
이런저런 걱정이 되어 가슴이 콩콩 뛰었어요.

"입학식부터 늦을라. 일찍 자야지."
엄마가 말했지만,
연준이는 잠이 오지 않았어요.
소풍 가기 전날보다
더 두근두근 설레었지요.

히히! 빨리 내일이 왔으면 좋겠다.

"엄마, 나 계속 유치원 다니면 안 돼?"
"학교 가는 게 싫으니?"
소원이는 대답 대신
엄마 품을 파고들었어요.
내일이 오는 게 싫어 잠을 쫓아 보았지만,
눈꺼풀이 점점 무거워졌지요.

"엄마, 빨리요. 빨리!"
드디어 입학식 날, 연준이는 신이 나서 달려갔어요.
입학을 축하한다는 커다란 현수막이
학교 정문에 걸려 있었지요.

쟤는 뭐가 저렇게 신난대?

소원이는 이모가 사 준 새 옷을 입고, 머리도 예쁘게 묶었어요.
그런데 저 멀리 학교가 보이기 시작하자 가슴이 쿵쾅거렸지요.
다른 친구들도 소원이처럼 떨려 하는 것 같았어요.
앞에 가는 곱슬머리 남자아이만 빼고요.

연준이와 소원이는 1학년 5반!
교실로 들어온 연준이는 자리에 앉아
이리저리 두리번거렸어요.
소원이의 자리는 연준이 옆이었어요.
"선생님 이름은 조미숙이에요.
여러분의 담임을 맡게 되어 무척 기뻐요."

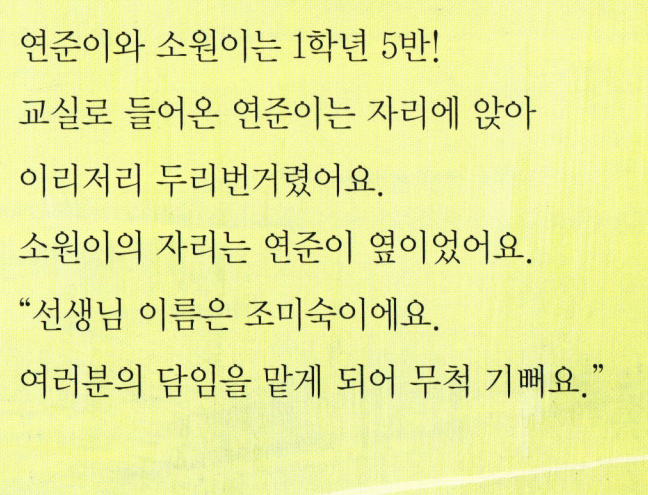

연준이와 소원이는 친구들과 함께
선생님을 따라 강당으로 갔어요.
그리고 반별로 줄을 서서
교장 선생님의 인사말을 들었지요.

신나라 초등학교 입학을 환영합니다.

오늘부터 여러분도 어엿한

초등학생이 되었습니다.
에헴, 그리고 또······.

입학식이 끝나고
집으로 돌아온 연준이는
신이 나서 교과서를 살펴보았어요.
그러다가 재미있는 생각이 떠올라 교과서에
낙서를 했지요. 결국 엄마한테 들켜 혼이 났어요.

소원이는 교과서와 준비물에 이름표를
꼼꼼하게 붙였어요.
1학년 5반 부소원.
이름표를 보니 왠지 기분이 으쓱했어요.

"학교 다녀오겠습니다!"
다음 날 아침, 연준이는 할아버지 손을 잡고 집을 나섰어요.
"그러다 사고 날라. 주변을 잘 살피며 걸어야지."
할아버지는 이리저리 깡충깡충 뛰어가는 연준이를 타일렀어요.

"엄마, 배 아파. 학교 안 가면 안 돼?"
"학교는 조금 아프다고 빠지는 데가 아니야.
많이 아프면 선생님께 말씀드리렴."
겨우 집을 나선 소원이는 터벅터벅 힘없이 걸었어요.

"조용조용! 수업이 시작되면 조용히 해요."
드디어 첫 수업이 시작되었어요.
1교시는 학교생활에 대한 여러 가지를 배우는
통합 교과 시간이었지요.
"여러분, 오늘은 자기소개를 할 거예요.
친구들이 자기소개를 할 때는 주의 깊게 잘 들어 주세요."

내 이름은 김연준이야. 우리 가족은 할아버지, 할머니, 아빠, 엄마, 형, 나, 여동생, 일곱 명이야. 그리고…….

연준이가 씩씩하게 자기소개를 하는 동안,
소원이는 떨리는 마음으로 차례를 기다렸어요.
'무슨 말을 할까?' 생각하며 마음속으로 여러 번 연습했지요.
조금 더듬거리기는 했지만 소원이도 자기소개를 잘 해냈어요.

종이 울리자 40분 동안의 수업이 끝나고 쉬는 시간이 되었어요.
쉬는 시간 10분 동안에 친구들은 화장실도 가고,
다른 반 친구를 만나러 가기도 하고,
수업 시간에 참았던 수다를 떨기도 했지요.
몇몇 남자아이들은 복도에서 뛰어놀다 선생님께 혼이 났어요.

복도에서 뛰면 안 돼요!

2교시가 시작되었어요.
학교생활에 대해 배우는 통합 교과 수업이 계속되었지요.
"이번 시간에는 학교의 이곳저곳을 알아보겠어요."
아이들은 줄을 서서 선생님을 따라 학교의 이곳저곳을 둘러보았어요.
학교는 엄청 크고, 교실도 정말 많았지요.

3교시는 국어 시간.
바른 자세로 앉아 글씨 쓰는 법을 배웠어요.
"소원이는 자세가 아주 바르구나."
소원이는 선생님께 칭찬을 받아 기분이 좋았어요.

그때, 연준이가 벌떡 일어나더니,
"선생님, 저 오줌요!" 하고 화장실로 내달렸어요.
그 모습에 교실은 한바탕 웃음바다가 되었어요.
"화장실은 쉬는 시간에 미리 다녀오세요.
만약 수업 시간에 급히 가야 할 때는 손을 들고 말한 다음
조용히 다녀오세요."
"네!" 반 친구들은 모두 힘차게 대답했어요.

4교시는 수학 시간이었어요.
교실에 있는 여러 물건들과 학용품을 세어 보고,
1부터 9까지 숫자 쓰는 연습을 했지요.
"우리 반에 있는 화분은 모두 몇 개일까요?"
선생님 질문에 여기저기서 아이들이 손을 들었어요.
"연준이, 말해 보세요."

"다섯 개요."
그때, 소원이가 손으로 입을 가리고 작은 소리로 말했어요.
"여섯 개야."
"아뇨. 소원이가 여섯 개래요."
"네, 맞아요."
연준이의 대답에 선생님과 친구들은 또 한바탕 웃었어요.

"자, 이제 알림장을 펴고, 선생님을 따라 쓰세요."
선생님은 칠판에 숙제와 내일 가져올 준비물과 부모님께 보여 드릴 전달 사항을 적었어요.
하지만 연준이는 점심시간에 먹을 밥 생각뿐이었어요.
'내가 좋아하는 불고기가 나왔으면 좋겠다. 킁.'
소원이는 또박또박 알림장을 적었어요.
"다 적었나요?"
선생님이 다니며 검사하자 연준이는 부랴부랴 알림장을 썼어요.

4교시가 끝나고 드디어 점심시간!
친구들은 식판을 들고 차례차례 줄을 서서
밥과 국, 반찬을 받았어요.

"연준이는 깨끗이 다 먹었네. 잘했어."
선생님이 아이들의 식판을 살펴보며 말했어요.
"소원이는 오이를 안 좋아하는구나.
골고루 잘 먹어야 키도 쑥쑥 크고, 건강해지는 거야. 알았지?"
소원이는 반찬을 남겨 혼날 줄 알았는데 마음이 놓였어요.

학교가 끝나고 집으로 가는 길,
소원이가 데리러 온 엄마에게 다급하게 말했어요.
"엄마, 오줌 쌀 것 같아! 빨리 집에 가자. 빨리빨리!"
"학교에서 화장실 안 갔니?"
"못 가겠어. 무서워서."
소원이는 집을 향해 뛰었어요.

연준이는 씩씩하게 앞장서 갔어요.
"할아버지, 저 혼자서도 집에 갈 수 있어요!"
"연준아, 같이 가야지. 오늘 학교는 어땠니?"
할아버지는 서둘러 연준이를 따라왔어요.

다음 날, 어젯밤 늦게까지 놀던 연준이가 늦잠을 자고 말았어요.
"아, 늦었다. 늦었어!
내 양말 어딨지? 앗, 준비물!"
연준이는 학교에 지각할까 봐
허겁지겁 책가방을 챙겨 집을 나섰어요.

연준이는 뛰고 또 뛰어 겨우 제시간에 학교에 도착했어요.
"여러분, 방과 후 활동 신청서 가져왔나요?"
선생님 말씀에 연준이는 몹시 당황했어요.
아침에 서두르느라 방과 후 활동 신청서를 깜빡했지요.
"다음에는 알림장에 쓴 것들을 잘 챙기렴."
소원이는 연준이가 쩔쩔매는 모습에
쿡쿡 웃음이 나왔어요.

일주일이 지났어요.

선생님도 아이들도 이제 반 친구들의 이름을 거의 다 외웠지요.

아침마다 아팠던 소원이 배도 이제는 아프지 않아요.

어제는 학교 화장실에서 응가도 했어요.

짝꿍 그리기를 할 때 연준이는 소원이 얼굴을 아주 예쁘게 그렸어요.

한 달 뒤, 연준이는 몰라보게 달라졌어요.
집에 오자마자 알림장을 확인하고 책가방도 직접 쌌지요.
"오빠, 놀아 줘."
"안 돼. 내일 받아쓰기 시험 있단 말이야."
연준이는 공부도 열심히 했어요.

소원이는 학교에서 있었던 일을 엄마에게 쉴 새 없이 조잘거렸어요.
"엄마, 나 또 칭찬 스티커 받았다. 그리고 윤서가 내 옷 예쁘대."
소원이 이야기를 재미나게 듣던 엄마가 물었어요.
"학교 가는 거 이제 무섭지 않니?"
"학교가 뭐가 무서워. 얼마나 재밌는데!"

초등학교 입학 전 체크 리스트

우리 아이의 건강을 체크하세요

예방 접종 체크
입학 전에 필요한 예방 접종은 미리미리 받아 두세요. 예방 접종 도우미(https://nip.kdca.go.kr) 사이트를 통해 예방 접종 내역을 확인해 보고, 빠진 접종이 있으면 입학 전까지 완료하세요.

시력 체크
시력이 좋지 않으면 칠판의 글씨를 잘 볼 수가 없습니다. 그러므로 입학 전에 꼭 시력 검사를 받고, 근시나 난시가 있는지 색깔 구별은 잘하는지도 함께 체크하세요.

청력 체크
취학 전 아이에게 감기 다음으로 흔한 질환이 중이염입니다. 중이염이 있으면 청력이 떨어져 수업 시간에 집중하기 힘들므로, 소리를 듣고 구별하는 데 이상이 없는지 꼭 살펴보세요.

치아 체크
학교에서 점심 급식을 잘 먹도록 하기 위해서는 미리 치과 검진을 받는 것이 필요해요. 영구치가 나기 시작할 나이이므로 뽑아야 할 이가 있거나 충치가 있으면 치료를 받고 입학하는 것이 좋습니다.

새 책 증후군 예방하기
새 책은 인쇄, 제본 등의 제작 과정을 거치게 됩니다. 이때 사용된 여러 재료는 피부가 민감하거나 면역력이 약한 아이들에게 아토피와 알레르기성 비염을 일으킬 수 있습니다.
따라서 새 교과서를 바로 읽지 말고, 바람이 잘 통하는 곳에 펴 놓고 3일 이상 말린 다음에 사용하는 것이 좋습니다.

등·하굣길 위험 요소를 체크하세요

입학 전에 학교 가는 길도 익힐 겸 아이와 함께 초등학교 답사를 해 보세요.
학교까지 가는 데 시간이 얼마나 걸리는지, 조심할 곳은 없는지, 골목길이나 찻길을 미리 파악하고, 안전하게 길을 건너는 연습을 하는 것이 좋습니다.
만약에 학교 가는 길이 여러 갈래가 있다면, 가장 안전한 길을 한곳 정해서 그 길로만 다니도록 유도해 주세요.

우리 아이의 생활 습관을 체크하세요

기상 시간 체크
학교에 지각하지 않으려면 7시 30분에는 일어나야 합니다. 그러기 위해서는 밤 10시 전에는 잠자리에 들어야 충분한 수면을 취할 수 있지요. 늦잠을 자는 버릇이 있는 아이는 최소한 입학하기 두 달 전부터 조금씩 일찍 일어나는 습관을 들이도록 합니다.

스스로 하기
옷 입기, 세수하기, 가방 챙기기, 내가 쓴 물건 제자리에 정리하기 등 아이가 스스로 할 수 있는 일을 목록으로 만들어 실천해 보게 하세요. 아이가 어떤 일을 혼자 해내기까지는 적어도 3주의 시간이 필요하니, 인내심을 가지고 지켜봐 주세요.

배변 습관 체크
아침마다 집에서 용변을 보고 학교에 가는 습관을 길러 주세요. 집 화장실이 아니면 용변을 보지 못하는 아이라면 입학하기 전에 학교 화장실을 함께 가 보고 익숙하게 해 줄 필요가 있습니다. 용변을 참다 보면 수업에 집중할 수 없고 나중에 병까지 생길 수 있으니까요. 또 화장실에서 휴지로 뒤처리하는 연습과 용변 후 물 내리기, 손 씻기 등의 연습도 꼭 필요합니다.

인사하기
예의 바른 아이는 선생님뿐만 아니라 누구에게나 사랑을 받습니다.
선생님을 만났을 때 "안녕하세요?", 친구들을 만났을 때 "○○야, 안녕!" 등 아이와 함께 인사하는 연습을 해 보세요. 이 밖에도 "안녕히 계세요.", "고맙습니다.", "죄송합니다.", "미안해." 등 상황과 대상에 맞는 인사법을 연습하는 것도 필요하지요. 또 어른들께는 존댓말을 쓰고 두 손으로 공손히 물건을 전하고 받도록 알려 주세요. 이러한 예절 교육은 하루아침에 되는 게 아니므로 꾸준히 알려 주고 연습해서 습관이 되도록 하는 것이 중요합니다.

우리 아이의 집중력을 체크하세요

아이가 수업 시간 40분 동안 집중하는 것은 쉬운 일이 아닙니다. 하지만 10~20분 정도 집중할 수 있으면 그리 걱정할 필요는 없습니다. 1학년의 수업은 10~20분 집중하면 되는 짧은 활동 위주로 수업을 하기 때문입니다. 다만, 10분도 집중하기 힘들어하는 아이의 경우, 입학 전에 집중력을 키워 주는 것이 좋습니다.

아이의 집중력 훈련 방법
처음에는 5분 동안 한자리에 앉아서 책을 읽거나 그림을 그리거나 만들기를 하도록 해 주세요. 이때 엄마가 돌아다니며 집안일을 하면 아이의 주의력이 산만해질 수 있으므로, 아이 옆에서 함께 책을 읽는 것이 좋습니다. 5분 동안 앉아서 잘하면 다음에는 10분, 15분, 이런 식으로 5분씩 늘립니다.

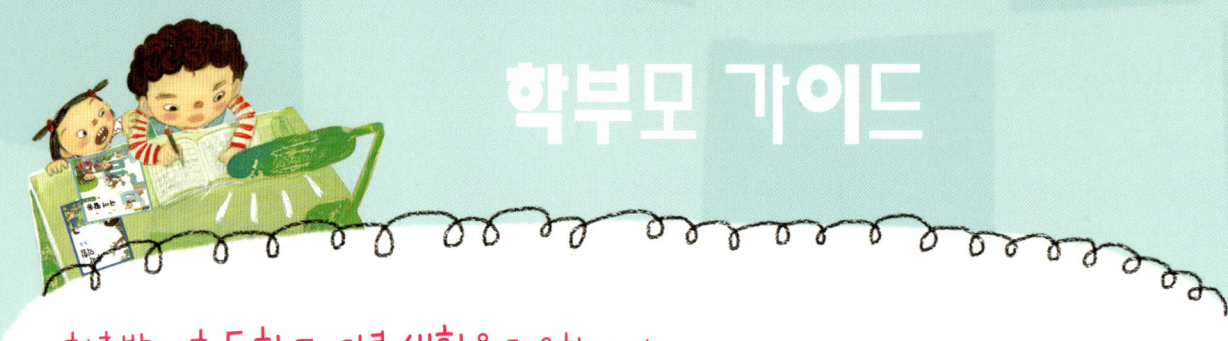

학부모 가이드

첫출발이 초등학교 6년 생활을 좌우합니다!

학부모들에게 자녀를 키우면서 가장 기억에 남는 일이 뭐냐고 물으면 대부분이 아이가 초등학교에 입학했을 때라고 대답합니다. 걸음마를 떼던 게 엊그제 같은데 어느새 훌쩍 자라 '학교'라는 사회로 첫걸음을 내딛는 감격스러운 날이니까요. 그런 만큼 자녀의 입학일이 다가올수록 예비 학부모들은 걱정이 많습니다. 우리 아이가 학교에 가서 적응을 잘할까, 내가 학부모 노릇을 잘 할 수 있을까…….
이제 그런 걱정은 그만! 내 아이가 성공적인 학교생활을 하길 바란다면 아래 네 가지를 꼭 지켜 주세요.

아이에게 가장 필요한 건 비싼 책가방이 아니라 자신감

부모님이 아이의 입학을 앞두고 기쁘면서도 걱정하는 것처럼 아이들도 마찬가지입니다. 오히려 아이들의 걱정과 두려움이 더 클 것입니다. 입학을 앞둔 아이에게는 좋은 옷과 가방, 외식을 하는 것보다 부모님의 진심 어린 축하와 격려가 더 필요합니다.
"○○야, 네가 이만큼 자라 학교에 가게 되다니 엄마, 아빠는 정말 기쁘단다. 너는 이러이러한 것들을 잘하니 학교에 가서도 분명 잘할 거야." 하고 격려해 주면 아이는 자신이 대단한 일을 잘한다고 생각해 스스로 뿌듯해하고 자신감을 가질 수 있습니다.

학교와 선생님에 대한 긍정적인 생각 심어 주기

학교란 8세가 되면 무조건 가야 하는 곳이라고만 설명하지 말고, 학교는 왜 가야 하고 학교에 가면 무엇이 좋은지를 아이에게 구체적으로 알려 주세요. 아이가 아침마다 의무적으로 학교를 가느냐, '꿈'을 가지고 즐거운 마음으로 학교를 가느냐는 부모님께 달렸습니다.
또 하나 중요한 것이 학교란 즐겁고 신나는 곳이라는 생각을 심어 주는 것입니다. 아이가 학교에 들어가기도 전에 미리부터 겁을 먹지 않도록 부정적인 말은 피합니다. 반대로 학교를 재미있는 곳으로 과장해서 말하는 것도 곤란합니다. 기대가 크면 실망도 큰 법이니까요.

아이에게 하면 좋은 말

- 혼자서도 잘하네. 학교 가도 잘하겠어.
- 학교에서 어려운 일이 있으면 언제든지 선생님께 말해. 선생님이 널 도와주실 거야.
- 동생을 잘 돌보는 걸 보니, 학교에 가서도 친구와 잘 사귀겠는걸.
- 열심히 하면 잘할 수 있어.

아이에게 하면 안 되는 말

- 너 그래 가지고 어떻게 학교에 갈래?
- 학교 가면 선생님 말씀 잘 들어라. 안 그러면 혼난다.
- 너희 선생님 왜 그러시니?
- 그것밖에 못하니?
- 너 바보야?

선행 학습보다 중요한 것은 폭넓은 독서

초등학교에 입학하여 첫 한 달은 한글의 자모음과 1부터 9까지의 수를 배우는 정도입니다. 1학년은 공부가 차지하는 비중이 크지 않고 학교 적응 활동 위주로 수업을 합니다. 그러므로 한글을 완전히 떼지 못했거나 연산을 잘 못해도 걱정할 것 없습니다. 읽기와 기본적인 쓰기만 할 줄 알면 교과 과정을 따라가는 데는 큰 문제가 없습니다. 우리 아이가 다른 아이에게 뒤처지지 않을까 걱정해서 선행 학습을 무리하게 시키는 부모님이 많은데, 이는 자칫 역효과를 낼 수 있습니다. 다 아는 내용이다 보니 아이는 수업 시간이 재미없고 시시해서 수업에 집중하지 못하게 됩니다. 이런 수업 태도는 고학년이 되어서도 쉽게 고쳐지지 않습니다. 무리한 선행 학습보다는 폭넓은 독서가 아이의 학교생활에 더 큰 도움을 줍니다.
입학 전에 창작 동화, 전래 동화, 명작 동화, 사회성 동화, 수학 동화, 과학 동화 등 책을 많이 읽은 아이는 학교 수업 내용을 쉽게 이해하고 수업 시간을 즐거워합니다. 특히 '스토리텔링' 방식의 수학 교과서와 통합 교과 수업은 읽기 능력을 더욱더 필요로 합니다.
다양한 분야의 책을 아이에게 권하고, 읽을 때는 큰 소리로 소리 내어 읽게 해 주세요. 단순히 글자만 읽는 것이 아니라 그 속에 담긴 의미를 이해하는 것이 중요합니다.
책 내용에 대해 이야기하고, 읽고 난 느낌이나 상상한 것 등을 그림으로 그려 보게 하는 독후 활동도 좋은 방법입니다. 독후 활동을 많이 한 아이는 1학년 때 독서록을 쓰는 과제도 부담감 없이 잘합니다.

학교에 대한 정보 꼼꼼히 챙기기

대부분의 학교가 홈페이지를 운영하고 있으므로 우리 아이가 다닐 학교에 대해 궁금한 것이 있으면 홈페이지를 방문해 보세요. 아이와 함께 학교의 요모조모를 알아보면 자연스럽게 학교에 대한 친근감을 키울 수 있습니다. 아직 초등학교를 정하기 전이라면 아이가 관심 있어 하는 과목이 특성화된 학교를 선택하는 것도 현명한 방법입니다. 음악에 관심 있는 아이라면 오케스트라 부가 있는 음악 특성화 학교가 좋고, 그 밖에 체육, 영어, 바둑 등 학교마다 중요시하는 활동이 있으므로 학교 정보를 미리 잘 파악해 두는 것이 좋습니다.
학교 알리미(http://www.schoolinfo.go.kr) 사이트를 통해 각 초등학교의 학생 현황, 방과 후 학교 운영 현황, 교육 활동, 학업 성취도 평가 계획 등 종합적인 운영 정보를 비교할 수 있습니다.